2 mars 1852.

2ᵉ VENTE APRÈS DÉCÈS DE M. MAXE.

CATALOGUE
D'OBJETS
D'ART ET DE CURIOSITÉ

PORCELAINES D'ANCIEN SÈVRES,

Porcelaines de Saxe, de Chine et du Japon, montées en bronze doré, et non montées; Bronzes et Pendules du temps de Louis XIV, Louis XV et Louis XVI, Candélabres, Lustres, Flambeaux, Bronzes anciens,

MEUBLES EN MARQUETERIE DE BOULE,

Mosaïques de Florence et Bois rose, avec ornements en bronze, Marbres, Bijoux anciens, Ivoires, Émaux de Limoges, Miniatures,

TABLEAUX ANCIENS,

DONT LA VENTE AUX ENCHÈRES PUBLIQUES AURA LIEU,

Après le décès de M. MAXE,

ancien marchand de Curiosités,

HOTEL DES VENTES MOBILIÈRES,
Salle n. 2,

RUE DES JEUNEURS, N. 42,

LES LUNDI 22, MARDI 23 ET MERCREDI 24 MARS 1852,
à midi.

Par le ministère de Mᵉ **RIDEL**, Commissaire-Priseur,
335, rue Saint-Honoré,
Chez lequel se distribue le présent Catalogue.
Assisté de M. **HENRY**, Expert-Appréciateur, 28, rue de Navarin.
Et de M. **CROSNIER**, Marchand de Tableaux,
50, rue Basse-du-Rempart.

EXPOSITION PUBLIQUE
Le Dimanche 21 Mars 1852, de midi à quatre heures.

1852

Exemplaire de Beurdeley père

CONDITIONS DE LA VENTE.

Elle sera faite au comptant.

Les acquéreurs paieront, en sus des adjudications, cinq pour cent applicables aux frais de vente.

Les Tableaux seront vendus le troisième jour.

CATALOGUE
D'OBJETS D'ART
ET DE CURIOSITÉ.

DÉSIGNATION

Porcelaines de Sèvres, de Saxe, du Japon et autres.

1 — Une paire de seaux en porcelaine, pâte tendre, fond bleu à sujets de marines et de fleurs.
2 — Deux plateaux en porcelaine de Sèvres, pâte tendre, fond blanc à bouquets.
3 — Un petit pot à eau et sa cuvette, en porcelaine de Sèvres, pâte tendre, en blanc.
4 — Un broc en porcelaine de Sèvres, pâte tendre, fond blanc.
5 — Un broc en porcelaine de Sèvres à fleurs camaïeux.
6 — Deux petits vases gobelets, fond turquoise à guirlandes.
7 — Un petit pot, fond blanc à guirlandes de fleurs et à bordures turquoises.
8 — Deux tasses en porcelaine de Sèvres dorés, portraits de Joseph II et de Marie-Thérèse.

9 — Un petit pot à crême bleu de roi, à médaillons, sujets pastoraux.
10 — Un sucrier, forme oblongue, fond blanc à dentelle.
11 — Deux plateaux en porcelaine de Sèvres, fond blanc à bouquet.
12 — Trois sucriers, forme oblongue.
13 — Douze assiettes, porcelaine de Sèvres à festons et bouquets
14 — Six assiettes à filets dorés.
15 — Deux seaux en porcelaine de Sèvres, pâte tendre, fond bleu turquoise à petits médaillons de fleurs.
16 — Un plat ovale en porcelaine de Sèvres, fond vert à fleurs.
17 — Un petit plateau ovale, fond vert, à petits cachets de fleurs.
18 — Deux tasses litrons avec soucoupes, fond bleu turquoise et à médaillons amours.
19 — Une tasse litron fond blanc, à guirlandes de fleurs et bordure fond bleu ; cette tasse est restaurée.
20 — Une tasse fond bleu turquoise, à dessins d'arabesques.
21 — Un compotier et un moutardier, fond vert à petits médaillons.
22 — Une écuelle, plateau et couvercle, porcelaine de Sèvres, pâte tendre, blanche.
23 — Quatre pots à pommade et une savonnette fond vert turquoise.

24 — Une écuelle, plateau et couvercle en porcelaine de Sèvres à bouquets.

25 — Deux sucriers, décors à bouquets et feuilles de choux.

26 — Une grande tasse à la reine, fond blanc à bouquets.

27 — Deux saladiers en porcelaine de Sèvres, pâte tendre, fond blanc à bouquets.

28 — Un grand plat en porcelaine de Sèvres, pâte tendre, fond bleu turquoise, à cartels de fleurs.

29 — Un cabaret en porcelaine d'Allemagne, fond rose et à fleurs, composé de : une cafetière, un pot à crême, un sucrier et quatre tasses avec soucoupes.

30 — Dix-neuf assiettes en porcelaine de Saxe, bords roses à cartels de fruits et fleurs.

31 — Une assiette en porcelaine de Sèvres blanche, à dentelles.

32 — Un petit pot à crême, pâte tendre, fond bleu de roi, à guirlandes de fleurs.

33 — Cinq tasses, huit soucoupes, une théière, un sucrier de porcelaine d'Allemagne, à cartels d'oiseaux.

34 — Une tasse avec soucoupe en porcelaine de Saxe, à sujets chinois.

35 — Un petit vase à couvercle, forme litron, en porcelaine de Saxe, fond jaune, fleurs en relief.

36 — Un pot à eau et cuvette en porcelaine blanche d'ancien Sèvres.

37 — Une écuelle, plateau et couvercle en porcelaine d'ancien Saxe.

37 bis. Une petite écuelle avec soucoupe en porcelaine de Sèvres bleu de Vincennes.
38 — Une jolie écuelle en porcelaine de vieux Saxe, à muguets à feuilles et fleurs en relief.
39 — Deux soupières à couvercles en porcelaine de vieux Japon.
40 — Deux paires de bouteilles, forme carrée, en porcelaine du Japon.
41 — Une paire de bouteilles en porcelaine de Chine, décors à oiseaux, monture en bronze doré.
42 — Une paire de bouteilles, forme carrée, en porcelaine du Japon.
43 — Vingt-quatre pots à jus en porcelaine de vieux Sèvres, pâte tendre, dans un étui.
44 — Un lot de coquilles en porcelaines de Sèvres tendre.
45 — Une petite tasse litron, fond rose caillouté, à cartel d'oiseaux.
46 — Une tasse litron, fond rose et or, à bouquets.
47 — Un pot à pâte d'amande, fond bleu de roi, à cartel d'oiseaux.
48 — Un bol et une théière, fond vert à dessins chinois.
49 — Un presse-papier, femme couchée, porcelaine tendre, fond rose.
50 — Une cuiller à sucre, fond bleu turquoise.
51 — Soixante figures et groupes en porcelaine de Saxe. (Cet article sera divisé.)
52 — Deux pyramides en porcelaine de Saxe, attributs en relief, monture en bronze doré.

53 — Une maison rustique en porcelaine de Saxe, socle en bois, garni de bronze doré.
54 — Une petite caisse en porcelaine de Saxe, contenant un bouquet de fleurs en porcelaine de Saxe.
55 — Dix tasses à anses et douze soucoupes en porcelaine de Saxe et d'Allemagne.
56 — Une salière en porcelaine de Saxe.
57 — Quatre pommes de canne en porcelaine de Saxe.
58 — Un petit flambeau en porcelaine de Saxe, ornements en relief.
59 — Quantité de fleurs en porcelaine de Sèvres et de Saxe.
60 — Trois petites couronnes en porcelaine de Saxe.
61 — Un plat creux de 0,55 centimètres, porcelaine du Japon.
62 — Un bol creux de 0,40 centimètres, porcelaine du Japon.
63 — Un bol à pans en porcelaine du Japon.
64 — Une fontaine en porcelaine du Japon, fond rouge.
65 — Une paire de vases du temps de l'Empire, en porcelaine fond blanc, à guirlandes de fleurs et à rosaces, sur socle en marbre vert Campan.
66 — Une paire de vases, forme bouteille, en porcelaine moderne, fond blanc rehaussé d'or, avec médaillons, sujets d'après Greuze.

67 — Une autre paire de vases, en porcelaine moderne, fond blanc rehaussé d'or, avec anses forme roseaux.

68 — Deux jardinières, forme carrée, en porcelaine moderne.

69 — Deux glacières à couvercles, en porcelaine, décors à guirlandes et semis d'or.

70 — Un groupe, le fleuve Scamandre, en porcelaine tendre, en blanc.

Porcelaines anciennes, montées en bronze.

71 — Une paire de vases en porcelaine de Sèvres, pâte tendre, fond bleu clair, vermicellés d'or, avec cartels d'oiseaux et fleurs, anses à serpents, et sur socles en bronze doré. Louis XVI.

72 — Deux paires de candelabres en bronze doré, style Louis XVI, à trois lumières chacun, sur colonnes en porcelaine fond bleu turquoise, cartels à guirlandes de fleurs et amours.

73 — Un vase forme bouteille, en porcelaine de Sèvres, fond blanc à guirlandes de fleurs, monture en bronze doré rocaille, et supportant un bouquet de roses, formant candelabre à sept lumières, en bronze doré rocaille.

74 — Trois belles coupes en porcelaine de Sèvres, pâte tendre, anciens décors, fond vert, richement montées en bronze doré à dauphins et dragons.

75 — Trois groupes en porcelaine tendre, fond bleu turquoise, femmes couchées, sur socle en bronze doré rocaille.

76 — Un encrier en porcelaine de Sèvres, pâte tendre, fond vert, à couvercle, monture en bronze doré.

77 — Deux très jolis petits vases en porcelaine, pâte tendre, fond vert turquoise, à couvercles, monture en bronze doré, style Louis XVI.

78 — Une paire de petits vases en porcelaine de vieux Sèvres, pâte tendre, fond vert à rosaces, monture Louis XV.

79 — Un vase en porcelaine de Saxe, fond vert turquoise, à médaillons camaïeux, monture en bronze doré Louis XVI.

80 — Un vase en porcelaine de vieux Saxe, fleurs en relief, monture en bronze doré rocaille.

81 — Un vase brûle-parfum à figures et fleurs en relief, en porcelaine de vieux Saxe, monture Louis XVI en bronze doré.

82 — Deux flambeaux en porcelaine de Saxe, à jours et à figures, monture en bronze doré.

83 — Un brûle-parfum en émail, à couvercle surmonté d'un aigle, fleurs et figures en porcelaine de Saxe, sur socle en bronze doré.

84 — Un brûle-parfum en porcelaine de Chine. avec figures en porcelaine de Saxe, et sur socle en bronze doré.

85 — Deux encriers en porcelaine de Sèvres, pâte tendre, fond vert à couvercle, monture en bronze doré.

86 — Deux bidons en porcelaine de Chine, monture rocaille en bronze doré.

87 — Une écritoire à trois godets en bronze doré, sur plateau en porcelaine de Saxe.

88 — Deux socles chinois en porcelaine blanche de Chine, sur terrasse, et avec monture ancienne en bronze doré.

89 — Une écritoire à deux godets en porcelaine de Sèvres, fond vert, monture rocaille en bronze doré.

90 — Un brûle-parfum. composé de un vase en deux oiseaux en porcelaine de Saxe, sur terrasse en bronze doré.

91 — Trois figurines, musiciens, en porcelaine de Saxe, sur terrasse en bronze doré.

92 — Un presse-papier, figure d'amour sur un dauphin, en porcelaine de Saxe, monture en bronze doré.

93 — Deux coupes en céladon gaufré, fond vert pistache, monture à trépieds en bronze doré.

94 — Une autre coupe en céladon à gaudrons, monture en bronze doré rocaille.

95 — Une cassolette fond blanc turquoise, à médaillons d'après Boucher, monture rocaille bronze doré.

96 — Deux paires de vases, forme œuf, en porcelaine fond bleu de roi, sur socles piédouche en bronze doré, anses formées par des enroulements de serpents, supportant chacun un bouquet de lis mâles, formant candelabres à cinq lumières en bronze doré, style Louis XVI.

Bronzes et Pendules.

97 — Une pendule grand modèle, du temps de Louis XVI, en bronze doré à deux figures allégoriques, avec plaques en porcelaine fond bleu turquoise, à cartels de fleurs.

98 — Une pendule Louis XVI, à deux figures, l'Etude, en bronze doré, mouvement de Lenepveu, sur socle en bois noir.

99 — Une pendule en bronze doré rocaille, à figure allégorique, la Force.

100 — Une paire de girandoles à trois lumières, en bronze doré rocaille.

101 — Un petit cartel du temps de Louis XV, en bronze doré, à figures chinoises.

102 — Une pendule Louis XV, en bronze doré rocaille, fronton à figures et sur socle à musique.

103 — Une belle pendule ancienne, lion en bronze sur socle en bronze doré, et posée sur un autre

socle en écaille, avec ornements en bronze doré, disposé pour recevoir un carillon.

104 — Une paire de candelabres à cinq lumières, en bronze doré rocaille.

105 — Une petite pendule, cartel en bronze rocaille.

106 — Une pendule Louis XVI, en bronze doré, à figures avec plaques en porcelaine pâte tendre, fond bleu turquoise, à médaillons et cartels, sujets pastoraux et autres.

107 — Une paire de candelabres, vases à gaudrons, avec bouquets de roses, formant candelabres à trois lumières en bronze doré, style Louis XV.

108 — Une paire de girandoles en bronze doré rocaille à quatre lumières; le socle est gravé de trois petites figurines en bronze.

109 — Une pendule forme lyre, en bronze doré, mouvement à jour, et sur socle en marbre blanc.

110 — Une pendule Louis XVI en marbre blanc et rocaille, le tambour est supporté par deux chiens.

111 — Une pendule à deux figures, en bronze, style Louis XVI, sur socle en bois noir.

112 — Une pendule de voyage du temps de Louis XVI, en cuivre doré, avec réveil.

113 — Un lustre à figures et mascarons et à quinze lumières en bronze doré rocaille.

114 — Une pendule éléphant en bronze doré, du temps de Louis XV.

115 — Un buste en bronze, le duc de Berry, piédouche en marbre griotte.
116 — Deux poussahs chinois en bronze, sur socle en bronze doré rocaille.
117 — Une figure de femme en bronze : Nécessité n'a pas de loi.
118 — Deux autres figures en bronze, Porteflix.
119 — Deux petits bustes, Henri IV et Sully, sur fûts de colonnes en marbre blanc.
120 — Une paire de girandoles à deux lumières, en bronze doré rocaille.
121 — Un petit porte-montre en bronze doré rocaille, avec fleurs en porcelaine de Saxe.
122 — Un petit socle Louis XVI, à têtes de dauphins, en bronze finement ciselé et doré.
123 — Plusieurs paires de flambeaux en bronze doré, style Louis XIV, Louis XV et Louis XVI.
124 — Plusieurs lots de garnitures et modèles en cuivre pour meubles.
125 — Un mouvement de pendule, forme carrée, de Leroy ; le cadran est en porcelaine de Saxe décorée.
126 — Une grande figure en bronze : Homme armé.
127 — Un Christ en bronze, sur croix en marqueterie.
128 — Une grande lanterne de vestibule, en bronze doré, du temps de Louis XVI.
129 — Un lustre, genre Boule, à six lumières, en bronze.

Meubles en marqueterie e bois rose.

130 — Un coffre à cachemires en marqueterie de cuivre et écaille, première partie, ornements en bronze, sur sa table aussi en marqueterie de cuivre et écaille.

131 — Une paire de meubles à deux ventaux et aussi à bas-reliefs en cuivre, les Quatre Saisons, ornements en bronze et à dessus de marbre de Dinan.

132 — Une paire de meubles à hauteur d'appui, à deux ventaux chacun en mosaïque de Florence, ornements en bronze, et à dessus de marbre noir.

133 — Un bureau Louis XV à quatre faces et à cornes, en marqueterie de cuivre, à pieds de biche, avec ornements en bronze doré.

134 — Un bureau bonheur du jour, en marqueterie de bois, ornements en bronze.

135 — Un autre bureau de forme carrée, à tablier en marqueterie, ornements en bronze doré.

136 — Un petit bureau dos d'âne, en bois rose, ornements en bronze.

137 — Un meuble à hauteur d'appui, à deux ventaux pleins et à pans coupés, en marqueterie avec ornements en bronze.

138 — Deux jardinières en marqueterie de cuivre et écaille avec ornements en bronze.

139 — Deux meubles à trois portes en marqueterie de cuivre et écaille, ornements et attributs en bronze, et à dessus de marbre de Dinan.

140 — Deux jardinières en marqueterie de cuivre et écaille, ornements en bronze.

141 — Un secrétaire médailler en marqueterie de bois.

142 — Un bureau à quatre faces et à tablier, en marqueterie de cuivre et écaille, avec ornements en bronze doré.

143 — Une glace dans son cadre, en bois sculpté et doré.

143 bis. Un meuble en marqueterie de cuivre et écaille, à un éventail à glace, ornements en bronze, et à dessus de marbre de Dinan.

144 — Un petit bureau à quatre faces de forme contournée, en marqueterie cuivre et écaille, ornements en bronze, dessus en marqueterie.

145 — Une petite table à ouvrage, forme ovale, de bois rose, dessus en marqueterie de bois, sur fond satiné, ornements en bronze.

146 — Une petite table guéridon en bois rose et marqueterie de bois, ornements en bronze.

147 — Deux petites tables en bois noir; l'une d'elles a le dessus formé d'une plaque en vieux laque du Japon.

148 — Une petite table à ouvrage en acajou du temps de l'Empire, sur quatre colonnettes en bronze doré.
149 — Un meuble secrétaire de forme contournée, en marqueterie de bois et à dessus de marbre brèche.
150 — Deux secrétaires en marqueterie de bois et à dessus de marbre.
151 — Une couchette en marqueterie de bois à fleurs.
152 — Deux paravents anciens garnis en soie.
153 — Plusieurs belles bordures pour glaces et tableaux en bois sculpté et doré.
154 — Un bureau en bois de placage du temps de Louis XV, ornements en bronze.
155 — Un bureau Louis XV, en bois d'amaranthe, ornements en bronze.
156 — Un petit meuble à deux ventaux en marqueterie de cuivre et écaille, ornements en bronze.
157 — Un canapé en bois sculpté, couvert en tapisserie des Gobelins.
158 — Six X en bois doré couverts en velours.
159 — Une petite table à ouvrage en marqueterie à damier sur bois rose.
160 — Ecritoires, coffrets et boîtes diverses en marqueterie de cuivre et écaille, et en bois rose avec ornements en bronze.

Marbres, objets de curiosité, bijoux anciens, miniatures.

161 — Une grande figure en marbre blanc, l'Hermaphrodite.
162 — Une figure en biscuit, Femme à la colombe.
163 — Un grand vase en granit rose, à couvercle, garniture en cuivre doré.
164 — Un petit bas-relief en biscuit, Henri IV, cadre en bronze doré.
165 — Deux petites mosaïques de Florence, cadres en bois doré.
166 — Deux presses-papier, mosaïque de Florence.
167 — Un petit coffret en émail, fond bleu, rehaussé d'or, monture en vermeil.
168 — Un autre petit coffret en vermeil émaillé bleu, rehaussé d'or, avec cartels de fleurs et émaux.
169 — Un joli petit presse-papier, mosaïque de Florence en pierre dure.
170 — Un écritoire en vieux laque du Japon, à trois godets en porcelaine de Chine, monture en bronze doré.
171 — Deux petits vases de forme carrée, en repoussé de Chine, dessins de chimères, monture ancienne en bronze doré.
172 — Un grand émail de Chine, sujet d'intérieur, dans son cadre.

173 — Une miniature ancienne sur ivoire, Armide et Renaud.
174 — Deux médaillons en biscuit, Henri IV et Sully.
175 — Cinq plaques en porcelaine tendre, fleurs et fruits.
176 — Un miroir à biseaux cadre en marqueterie.
177 — Un microscope, monture en bronze doré.
178 — Un petit coffret en écaille et burgau.
179 — Un cadre renfermant huit petites plaques en porcelaine, grisailles.
180 — Une figurine en ivoire ancien, la Vierge et l'Enfant Jésus.
181 — Un brûle-parfum avec anses et reptiles, et un plat en imitation de faïence de Bernard Palissy.
182 — Un petit bouquet en biscuit de Sèvres, dans son cadre doré.
183 — Un cartel à sonnerie, boîte en argent, mouvement de J. Leroy, à Paris.
184 — Un coffret renfermant deux grands pots à tabac en porcelaine du Japon, monture en vermeil.
185 — Un petit tableau ancien, attribué à Murillo, cadre en vermeil repoussé, enrichi de huit petites peintures anciennes et de cabochures en pierre de couleur.
186 — Deux petits panneaux en vernis Martin, sujets d'après Boucher.
187 — Un manuscrit sur parchemin, orné de miniatures.

188 — Une canne en bois de fer avec poignée béquille en bronze doré.
189 — Deux jolis portraits de Femme du temps de Louis XIV, sur porcelaine tendre, décors bleu turquoise, dans leurs cadres en bronze doré.
190 — Un portrait de femme, sur porcelaine, cadre en bronze doré.
191 — Un bénitier, composé de : une plaque en émail de Limoges, de Laudin, monture en cuivre.
192 — Un émail de Limoges, de Laudin, Jésus-Christ et Saint Thomas.
193 — Une coupe salière en émail de Limoges.
194 — Plusieurs plaques id.
195 — Une plaque en porcelaine, peinte par Joseph Pithon en 1787, fleurs et fruits.
196 — Un bas-relief en argent, la Chasse au lion.
197 — Deux bas-reliefs en cuivre, les Quatre Evangélistes.
198 — Deux médaillons sur porcelaine, sujets allégoriques à la peinture et à la musique.
199 — Un éventail chinois en filigrane d'argent émaillé.
200 — Une montre ancienne en or à répétition, avec sujet mythologique.
201 — Une montre ancienne en or, avec entourage de Jargon et ornée d'un émail.
202 — Un porte souvenir en ivoire, avec appliques en or.

203 — Une tabatière écaille et or, avec chiffre M. C.
204 —   Id.   forme valise, en écaille burgautée.
205 — Une boîte à mouche en écaille, etc., etc.
206 —   Id.   id. en nacre, avec appliques en argent.
207 — Une boîte à mouches en nacre gravée, garnie en argent.
208 — Une tabatière, écaille de tortue, montée en vermeil.
209 — Une tabatière en vermeil avec émail, Vénus et l'Amour.
210 — Un émail ; la Charité romaine.
211 — Une tabatière écaille et vermeil, avec double fond, renfermant une miniature de Klingthen.
212 — Un Christ en ivoire.
213 — Une tabatière Louis XVI en argent avec appliques en or.
214 — Une parure en or avec émaux anciens, composée de : une broche et deux boucles d'oreilles avec pendeloques.
215 — Sept émaux pour broches et blasons, montés en or et argent.
       (Cet article sera divisé.)
216 — Une châtelaine de trois émaux, montés en vermeil.
217 — Un camée sur pierre dure, Apollon, monté en or, forme clef de montre.
218 — Une grisaille de Sauvage, émaillée sur or.

219 — Une pomme de canne, forme serpent en or émaillé.
220 — Trois tabatières en porcelaine et émail de Saxe.
221 — Une châtelaine avec porte odeurs, en vermeil, ornée de trois émaux.
222 — Un petit cadre carré en filigrane d'argent.
223 — Une bonbonnière en ivoire sculpté, sujet mythologique.
224 — Une bonbonnière ovale en écaille, blonde et argent.
225 — Une miniature, Louis XVII au temple.
226 — Deux   id.   Portraits.
227 — Une boîte à tabac, composée d'une corne montée on argent, et ornée d'une topase brûlée du Brésil.
228 — Un petit bénitier ancien en ivoire sculpté.
229 — Un joli chapelet en perles d'onyx oriental, avec carnet en cornaline rouge gravé.
230 — Deux mosaïques de Rome, marines, cadres anciens en bois doré.
231 — Une miniature, femme couchée, cadre en bois
232 — Couteau et fourchette avec manches et étui en chagrin.
233 — Plusieurs éventails anciens.

TABLEAUX ANCIENS.

234 — J. ROMAIN (D'après Raphaël). La Sainte Famille.
235 — L'ALBANE (D'après). Deux tableaux, sujets mythologiques.

236 — Le Primatice. Suzanne au bain.
237 — Le Titien. Vénus et l'Amour.
238 — Rubens. Tableau allégorique.
239 — Pietre de Cortone. Sujets mythologiques (Deux pendants).
240 — Annibal Carrache (D'après). Allégorie aux saisons.
241 — Paul Veronèse. Jupiter et Léda.
242 — Boucher. Deux tableaux allégoriques.
243 — Mignard. La Duchesse de Berry, allégorie.
244 — Du même. Deux Portraits de dames de la cour de Louis XIV.
255 — J. Hellemans. Nature morte.
246 — De Rudder (1836). Une Consultation.
247 — École moderne. Léontine Fay (28 juillet 1830).
248 — Greuze (D'après). Portrait de jeune fille.
249 — Valin (Genre de). Bacchante.
250 — École française. Vénus et l'Amour.

251 — Mignard.
252 — Santerre.
253 — Largillière.
254 — Philippe de Champagne
} Neuf Portraits de dames de la cour de Louis XIV.

255 — Largillière. Jupiter et Léda.
256 — Jean Vallade. Cinq Tableaux, portraits de Louis XV et de ses quatre filles.
257 — Du même. Portrait de Louis XV à l'âge de de quatorze ans.

— 23 —

258 — Largillière. ⎫ Cinq Portraits des règnes de
259 — Toqué. ⎭ Louis XIV et Louis XV.
260 — Nattier. Portrait de femme.
261 — Baron Gérard. Portrait de la duchesse de Berri.
262 — Philippe de Champagne. ⎫ Quatre Portraits ovales,
263 — Mignard. ⎬ Henri IV, la duchesse d'Or-
264 — Tournière. ⎭ léans, Mme de Sévigné, Mme de Longueville.
265 — Un pastel, par Delatour. Portrait de Louis XIV.
266 — Un pastel, id. id. Marie-Antoinette.
267 — Un pastel. id. id. de femme.
268 — Quatre pastels, par L. Marteau. Les Quatre Saisons.
269 — Un pastel, par Boucher. Femme couchée.
270 — Trois pastels. Portraits de jeunes femmes.
271 — Une miniature par Isabey. Portrait de madame Récamier.
272 — Sous ce numéro seront compris les objets omis au présent catalogue.

Paris. Imprimerie et Lithographie Maulde et Renou, rue des Fossés-Saint-Germain-l'Auxerrois, 14.

www.ingramcontent.com/pod-product-compliance
Lightning Source LLC
Chambersburg PA
CBHW051533240526
45471CB00019B/1346